En el colegio

Fiona Undrill

Heinemann
LIBRARY

School

www.heinemann.co.uk/library
Visit our website to find out more information about Heinemann Library books.

To order:
☎ Phone 44 (0) 1865 888066
  Send a fax to 44 (0) 1865 314091
📄 Visit the Heinemann Bookshop at www.heinemann.co.uk/library to browse our
💻 catalogue and order online.

First published in Great Britain by Heinemann Library, Halley Court, Jordan Hill, Oxford, OX2 8EJ, part of Pearson Education. Heinemann is a registered trademark of Pearson Education Ltd.

Editorial: Charlotte Guillain
Design: Joanna Hinton-Malivoire
Map illustration: International Mapping Associates
Picture research: Ruth Blair
Production: Duncan Gilbert

Printed and bound in China by Leo Paper Group.

ISBN 9780431990286 (hardback)
12 11 10 09 08
10 9 8 7 6 5 4 3 2 1

ISBN 9780431990385 (paperback)
12 11 10 09 08
10 9 8 7 6 5 4 3 2 1

**Heinemann Library
Cataloguing in Publication Data**
Undrill, Fiona
En el colegio = School. - (Spanish readers)
1. Spanish language - Readers - Elementary schools 2. Elementary schools - Juvenile literature 3. Vocabulary - Juvenile literature
I. Title

448.6'421
A full catalogue record for this book is available from the British Library.

Acknowledgements
The publishers would like to thank the following for permission to reproduce photographs:
© Brand X pictures pp. **4**, **8**, **9**, **12**, **16**, **20**, (Joe Atlas); © Corbis p. **6** (epa); © Getty Images pp. **16** (Photodisc), **22**; Harcourt Education pp. **4**, **16**, **20** (MM Studios), **19** (Devon Olugbena Shaw); © Photodisc pp. **4**, **12**, **20**; © 2007 Jupiter Images Corporation p. **11**; © Punchstock pp. **4**, **8**, **9** (Stockdisc)

Cover photograph of boy writing on blackboard reproduced with permission of Corbis (Jose Luis Pelaez/zefa).

Every effort has been made to contact copyright holders of any material reproduced in this book. Any omissions will be rectified in subsequent printings if notice is given to the publishers.

Contenido

Try to read the question and choose an answer on your own.

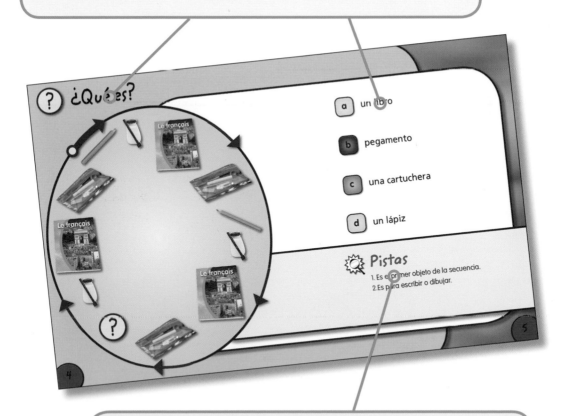

You might want some help with text like this.

¿Qué es?

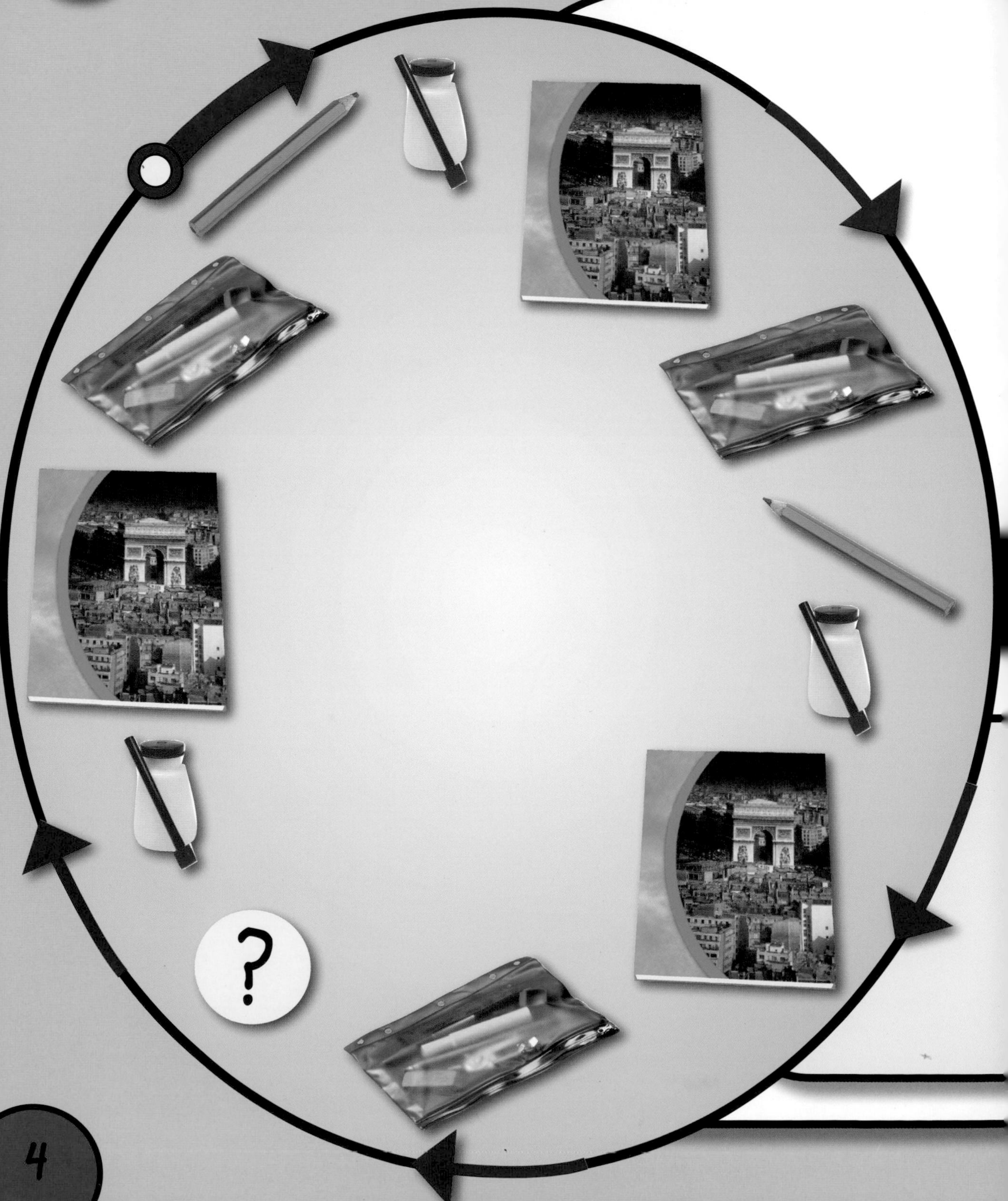

a un libro

b pegamento

c una cartuchera

d un lápiz

 Pistas

1. Es el primer objeto de la secuencia.
2. Es para escribir o dibujar.

✓ Respuesta

d un lápiz

El alumno más viejo del mundo

Fecha	2004
País	Kenia
Nombre	Kimani Nganga Maruge
Edad	84 años

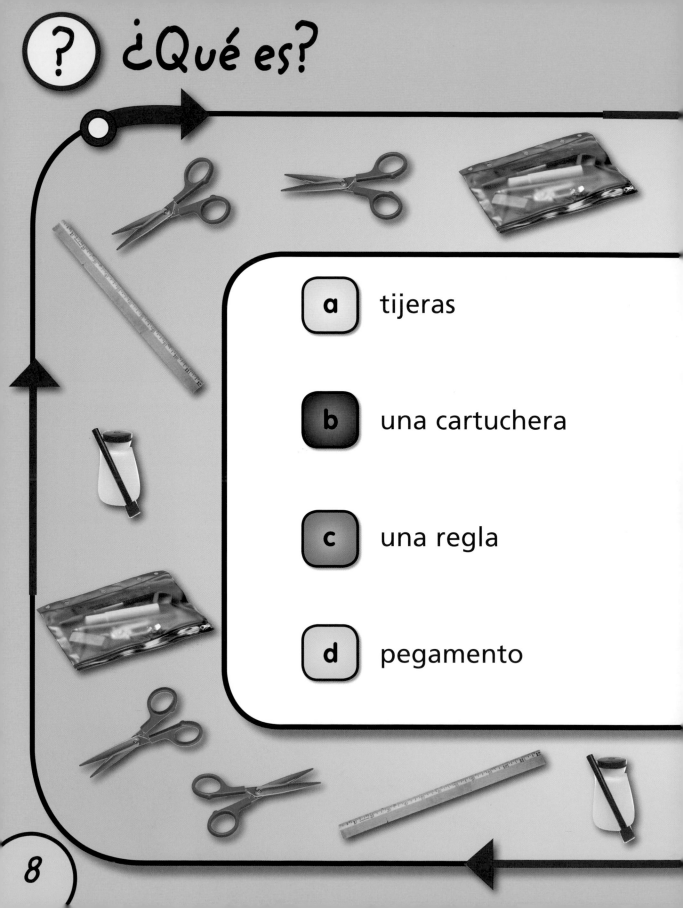

¿Qué es?

a tijeras

b una cartuchera

c una regla

d pegamento

8

Pistas

1. Es el último objeto de la secuencia.
2. Es para medir.

Respuesta

c una regla

El estudiante universitario más joven del mundo

Fecha	1997
País	India
Nombre	Tathagat Avatar Tulsi
Edad	10 años

a	una regla marrón
b	una mochila azul
c	un libro de ejercicios naranja
d	una goma roja

 Pistas

1. Es el segundo objeto de la secuencia.
2. Es para borrar errores.

Respuesta

d una goma roja

¿A qué edad comienzan el colegio los niños en Europa?

Edad	País
4 años	Irlanda del Norte
5 años	Inglaterra, Escocia, Gales
6 años	Bélgica, Francia, Italia, España, Noruega Portugal, República de Irlanda, Alemania
7 años	Polonia, Dinamarca, Suecia

Irlanda del Norte

República de Irlanda

Escocia

Gales

Inglaterra

Noruega

Suecia

Dinamarca

Bélgica

Alemania

Polonia

Francia

Italia

Portugal

España

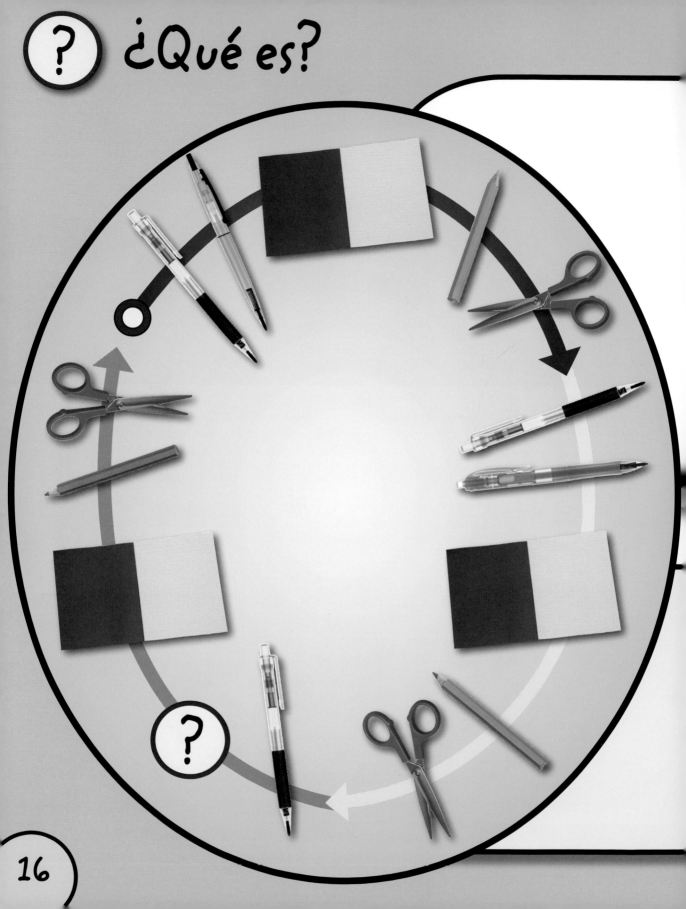

a	un bolígrafo azul
b	un bolígrafo naranja
c	un lápiz verde
d	un libro de ejercicios negro

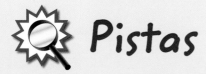 **Pistas**

1. Es
   - el segundo objeto de la secuencia;
   - del mismo color que el lápiz de la secuencia naranja.
2. Es para escribir.

✓ Respuesta

b un bolígrafo naranja

¿Cómo va la gente al colegio en el Reino Unido?

		1989–91	2004
	en automóvil	27%	41%
	a pie	62%	50%

En Jamaica

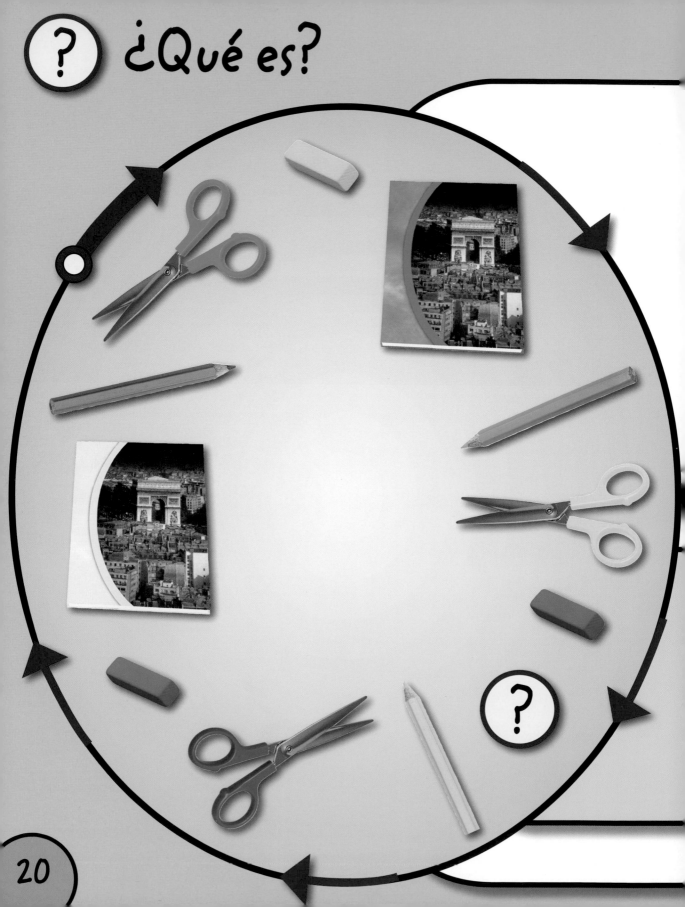

a	un libro verde
b	tijeras amarillas
c	una goma azul
d	un lápiz verde

 Pistas

1. Es
   - el tercer objeto de la secuencia de objetos, pero es...
   - el primer color de la secuencia de colores
2. Es para leer.

☆ Respuesta

a un libro verde

El colegio en el Reino Unido

preescolar	2 a 4 años (opcional)
enseñanza primaria	4 a 11 años (obligatoria)
enseñanza secundaria	11 a 15 años (obligatoria)
bachillerato	16 a 18 años

En Francia

Vocabulario

Español Inglés página

un acertijo puzzle 8
Alemania Germany 14
un(a) alumno(a) pupil 7
amarillo(a) yellow 21
un año year 7, 10, 14
a qué edad at what age 14
el automóvil car 18
azul blue 13, 17, 21
el bachillerato final sixth form 23
Bélgica Belgium 14, 15
el bolígrafo pen 17
borrar to erase 13
la cartuchera pencil case 5, 8
el colegio school 14, 23
el color colour 17, 21
comenzar to start 14
cómo how 18
el contenido contents 3
dibujar draw 5
Dinamarca Denmark 14,15
edad age 7
en in 5, 9, 13, 14, 21
la enseñanza primaria primary school 18, 23
la enseñanza secundaria secondary school 23
un error error 13
es it is 5, 9, 13, 17, 21
Escocia Scotland 14
escribir to write 5, 17
España Spain 14
un(a) estudiante universitario(a) university student 10
fecha date 7
Francia France 14, 15, 23
Gales Wales 14, 15
la gente people 18

la goma eraser 13, 14
Inglaterra England 14, 15
India India 10
Irlanda del Norte Northern Ireland 14, 15
Italia Italy 14, 15
Jamaica Jamaica 19
Kenia Kenya 7
el lápiz pencil 5, 6, 17, 21
leer read 21
el libro book 5, 21, 22
el libro de ejercicios exercise book 13
marrón brown 13
el más joven the youngest 10
el más viejo the oldest 7
medir to measure 9
mismo(a) same 17
la mochila bag 13
el mundo world 7, 10
naranja orange 13, 17
negro(a) black
los niños children 14
el nombre name 7, 10
Noruega Norway 14
o or 5
un objeto object 5, 9, 13, 17, 21
obligatorio(a) obligatory 23
opcional optional 23
el país country 7, 10
para for 5, 9, 17
el pegamento glue 5, 8
pero but 21
el pie foot 18
una pista clue 5, 9
Polonia Poland 14, 15
Portugal Portugal 14, 15

el preescolar nursery school 23
primer(o, a) first 5, 21

¿qué es? what's this? 4, 8, 12, 16, 20
la regla ruler 8, 10, 13
el Reino Unido the United Kingdom 18
República de Irlanda Republic of Ireland 14, 15
la respuesta answer 6, 10, 14, 18, 22
rojo(a) red 13, 14
la secuencia sequence 5, 9, 13, 17, 21
segundo(a) second 13, 17
Suecia Sweden 14, 15
tercer(o, a) third 21
las tijeras scissors 8, 21
último(a) last 9
va go 18
verde green 17, 21, 22
el vocabulario vocabulary 3, 24